目 录

一、企业为消费者提供商品或服务　　1

二、不同市场中的企业和消费者　　6

三、企业有时也会缺钱　　11

四、企业把产品卖出去才能赚钱　　18

一、企业为消费者提供商品或服务

 写作

假设你正在创业,要开一家宠物美容店。使用下面的词汇写一两段话,解释初创企业的情况。

> 企业家 初创企业 个人独资企业 合伙企业
> 公司 股份 有限责任 特许经营

 选择填空

> a. 产生 b. 记录 c. 未来 d. 显眼 e. 差异 f. 年度

❶ 企业所有者会努力提高_____的收入。

❷ 零售商努力使他们的商店尽可能_____,以使更多顾客可以看到。

❸ _____企业的支出对企业所有者来说很重要。

❹ 股东每年可以参加_____会议,为公司业务投票。

❺ 股东的股利从公司利润中_____。

❻ 对新企业而言,与竞争对手存在某种_____很有利。

 回答问题

❶ 政府为什么愿意为创业者提供便利和帮助?

❷ 计算利润时,考虑你花费的时间的价值尤为重要。这被称作什么?

❸ 如果打算创立一家小型企业,那么你必须考虑很多事情。你可以从哪里获得帮助?

❹ 常见的企业组织形式有哪些?

❺ 个人独资企业和合伙企业分别有哪些特征?

❻ 公司与个人独资企业和合伙企业的区别有哪些?

❼ 公司内部哪个团体会选举董事会成员？董事会主要做哪些工作？

❽ 举例说明什么是特许经营。

 批判性思考

❶ 企业家愿意承担风险来创业的主要原因是什么？

❷ 相对于个人独资企业，为什么有人更愿意选择创立合伙企业？

🪙 学以致用

分析你所在地区的五家或更多企业，对其进行分类。研究每家企业的组织形式（个人独资企业、合伙企业、公司、特许经营等），想一想为什么他们会选择创立这种企业。

二、不同市场中的企业和消费者

 **写作**

用下面的词汇写一两段话,解释市场结构及其特征。

市场结构　完全竞争市场　完全垄断市场
寡头垄断市场　垄断竞争市场　进入壁垒

 **选择填空**

a. 初始　b. 相互作用　c. 独特　d. 主导　e. 阻止　f. 促进

❶ _____ 的生意不会面临竞争,因为市场中没有其他相似产品。

❷ 在完全竞争市场中,没有什么可以 _____ 新卖方进入市场。

③ 供给和需求的_____会形成均衡价格。

④ 当_____投资成本很小时，新卖方容易进入市场。

⑤ 当少量公司_____某个行业时，寡头垄断市场就形成了。政府通过监管_____竞争。

回答问题

① 形成完全竞争市场要满足哪些条件？

② 在完全竞争市场中，单个卖方对市场价格的控制力如何？

③ 举一个接近完全竞争市场的例子。

❹ 不完全竞争市场有哪三种类型？

❺ 寡头垄断市场和垄断竞争市场的区别是什么？

❻ 政府可以采用什么方法保持商业竞争？

 批判性思考

❶ 在完全竞争市场中，卖家如果提高价格会怎样？

❷ 为什么完全竞争市场很罕见?

❸ 为什么市场竞争越激烈对消费者越有利?市场竞争对卖家有哪些影响?

❹ 思考一下,如果在完全竞争市场中突然出现了进入壁垒,这时会发生什么呢?

❺ 思考为什么寡头垄断者之间通常是相互依存的。

 **学以致用**

1. 政府可以采用什么方法保持商业竞争?

2. 给出最近你因为广告买东西的三个例子。这些产品广告是如何说服你购买它们,而没有购买其他相似产品的?

三、企业有时也会缺钱

 写作

❶ 一家制造业企业需要扩张并进行融资。用下面的词汇写一份简短的融资建议书。

> 融资　收入　利润　短期借款　中期借款
> 长期借款　股权融资

❷ 用下面的词汇写一段总结,说明一家企业是如何生产的。

> 生产　消费品　机械化　流水线　劳动分工
> 自动化　机器人

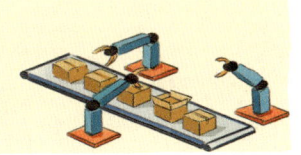

11

 **选择填空**

a. 充足　b. 必要　c. 满足　d. 地理位置　e. 过程

1. 企业家必须找到_____的融资，这样才能够支付创办企业的各项开支。
2. 如果一家企业的生产效率无法_____其需要，企业就会考虑通过机械化的方式提高效率。
3. 生产_____通常会有很多环节。
4. 在创业或企业扩张时，获得资金是_____条件。
5. 企业主筹建工厂时，必须考虑_____的因素，比如距离市场的远近、是否方便采购原材料，以及交通设施的便利程度。

 **回答问题**

1. 在哪些情况下需要选择不同的融资类型？

❷ 当决定是否发行股票时,企业应当考虑哪些因素?

❸ 生产过程涉及哪些环节?

❹ 收入和利润的区别是什么?

❺ 消费品和资本品的区别是什么?

6 大多数企业家创业或者扩张业务的最大动机是什么?

 批判性思考

1 假设你需要融资采购原材料,并计划在每个月月底前就用完当月的原材料。那么,最适合你的融资类型是什么?为什么?

2 假设你是一家银行的企业客户经理。审批贷款时,你会分析企业哪些方面的情况?为什么?

❸ 用下表解释企业的每一次调整都是如何提升企业效率的。

企业的调整事项	如何提升效率

 学以致用

❶ 假设你有一家企业。写出至少五种你想要进行的业务扩张，每种都需要融资。列出最适合每种业务扩张的融资类型，并解释原因。

企业的业务扩张与融资

业务扩张	融资类型	原因

❷ 假设你要在一处繁华的地方开一家奶茶店,而且你要为此借款 10 万元。列出融资时你需要考虑的因素,并描述每个因素是如何影响你的商业计划的。

❸ 假设你是一家新开的比萨店的采购经理。列出在比萨店开张前你需要购买的东西,并调查每样东西的价格。

情景分析

想象以下场景,一位饭店老板在和新来的采购经理对话。

甲:今天是周五,我列了一些食材清单,都是孩子喜欢的,今天多备一些吧!

乙:这些食材咱们每天都多备些怎么样?

甲:要不你先做几周服务员吧!

❶ 饭店老板为什么周五要多备些儿童喜欢的食材?

❷ 你同意采购经理的建议吗?为什么?

❸ 为什么老板想让采购经理先做几周服务员?

四、企业把产品卖出去才能赚钱

 **写作**

使用下面的词汇写一两段话，解释如何对新产品进行市场营销、推广和分销。

> 营销　渗透定价　推广　产品生命周期　分销渠道
> 批发商　零售商

选择填空

> a. 预估　b. 重要　c. 每次　d. 策略　e. 伴随　f. 易于理解
> g. 方法　h. 有效

❶ 产品能够赢利，说明企业采用了＿＿＿＿的市场营销策略。

❷ 调查消费者需求的＿＿＿＿之一是发放调查问卷。

❸ _____广告发放的优惠券在吸引新客户时很有效。

❹ 如果一种产品已经在市场上销售了一段时间，商家就能更好地_____向厂家或批发商订购该产品的数量。

❺ 对生产者、批发商和零售商来讲，消费者需求都是_____信息。

❻ 有时候，有助于提升产品销量的改进措施不仅_____，而且简单易行。

❼ 商店会试图采用新_____销售老产品。

❽ _____市场调查的反馈都很重要，这些反馈有助于产品的改进。

回答问题

❶ 进入市场前，新产品需要经历哪些环节？

❷ 为产品定价时，企业要考虑哪些因素？

❸ 在什么阶段可以做市场调研？怎么做市场调研？

❹ "4P 营销策略"指的是什么？简单解释一下。

❺ 产品生命周期的四个阶段分别是什么？

❻ "分销渠道"指的是什么？举两个常见的分销渠道的例子。

❼ 批发商和零售商的区别是什么?

 批判性思考

❶ 为什么以消费者为中心的市场营销是成功的?

❷ 假设你收到一项市场调查的任务,想看看人们想要什么样的能量棒。你会问哪些问题?针对该任务制作一份调查问卷。

❸ 想一种已经进入市场很长时间的产品,比如某品牌的糖果或者饮料。填写下表,评估企业可能使用(或已经使用)的各种试图延长该产品寿命的方法。

21

方法	效果如何？为什么？
重新设计包装	
增加产品用途	
推出新广告	
其他	

 **学以致用**

❶ 假设你现在负责新产品的市场营销。

a. 首先，选出一款产品推向市场，比如一款新的运动饮料，或者针对年轻用户的手机。

b. 设计一份简短的调查问卷作为市场调研的工具，调查潜在用户的需求。

c. 找尽可能多的人填写调查问卷。

d. 分析结果并做简单的演示报告，说明产品的样子，以及如何做好市场营销。

❷ 研究 CD 的产品生命周期，制作图表，体现该产品的导入期、成长期、饱和期和衰退期。

📄 情景分析

想象以下场景，一名员工在向老板汇报工作，他说："该产品在小组访谈获得好评后，又进行了广泛的市场测试。经过几个月的努力，也清除了法律障碍，已经准备好开始大量生产了。但问题是现在这款产品可能已经过时了……"

❶ 这名员工描述的是一个什么过程?

❷ 员工指出了该过程中的什么问题?